JEANETTE WI

Traducción de Alexis Rom

BIBLIOBURRO

una historia real de Colombia

BEACH LANE BOOKS • Nueva York Londres Toronto Sídney Nueva Delhi

 BEACH LANE BOOKS

Un sello editorial de la División Infantil de Simon & Schuster

1230 Avenida de las Américas, Nueva York, Nueva York 10020 · Copyright © 2010 de Jeanette Winter

Copyright de la traducción © 2023 de Simon & Schuster, Inc. | Traducción de Alexis Romay

Originalmente publicado en inglés en 2010 por Simon & Schuster Books for Young Readers

Diseño del libro de Lauren Rille © 2010 de Simon & Schuster, Inc.

Para obtener información respecto a descuentos especiales en ventas al por mayor, diríjase a Simon & Schuster Special Sales al 1-866-506-1949 o a la siguiente dirección de correo electrónico: business@simonandschuster.com.

El Simon & Schuster Speakers Bureau puede traer autores a su evento en vivo. Para obtener más información o para reservar a un autor, póngase en contacto con Simon & Schuster Speakers Bureau, 1-866-248-3049, o visite nuestra página web: www.simonspeakers.com.

El texto de este libro usa la fuente MVB Grenadine.

Las ilustraciones de este libro fueron hechas con pintura acrílica, pluma y tinta.

Fabricado en China | 0123 SCP

Primera edición en español de Beach Lane Books, junio de 2023

10 9 8 7 6 5 4 3 2 1

Library of Congress Cataloging-in-Publication Data

Names: Winter, Jeanette, author. | Romay, Alexis, translator. | Title: Biblioburro: una historia real de Colombia / Jeanette Winter ; traducción de Alexis Romay. | Other titles: Biblioburro. Spanish

Identifiers: LCCN 2022039966 (print) | LCCN 2022039967 (ebook) | ISBN 9781665935463 (hardcover) | ISBN 9781665935456 (paperback) | ISBN 9781665935470 (ebook)

Subjects: LCSH: Soriano, Luis—Colombia—Biography—Juvenile literature. | Librarians—Colombia—Biography—Juvenile literature. | Teachers—Colombia—Biography—Juvenile literature. | Biblioburro—Juvenile literature. | Traveling libraries—Colombia—Juvenile literature. | Books and reading—Colombia—Juvenile literature. | LCGFT: Biographies.

Classification: LCC Z720.S67 W5618 2023 (print) | LCC Z720.S67 (ebook) | DDC 020.92 [B]—dc23/eng/20221019

ISBN 9781665935463 (tapa dura) | ISBN 9781665935456 (rústica) | ISBN 9781665935470 (edición electrónica)

A Demitri y Campbell

n lo profundo de la selva de Colombia vive un hombre al que le encantan los libros.

Se llama Luis.

Tan pronto como lee un libro, trae otro a casa. Al poco tiempo, la casa está llena de libros.

Diana, su esposa, refunfuña.

Luis piensa largo y tendido.

Por fin se le enciende el bombillo.

—Puedo llevar mis libros a las colinas lejanas
para compartirlos con quienes no tienen.

Un burro podría cargar con los libros
y otro burro podría cargar conmigo... ¡y con más libros!

Luis compra dos burritos robustos.
Los nombra Alfa y Beto.

Construye guacales para colgárselos al
lomo y pinta letreros: BIBLIOBURRO,
"La biblioteca del burro".
Entonces Diana llena los guacales
con libros.

BIBLIOBURRO

Cada semana, Luis y Alfa y Beto atraviesan los campos rumbo a aldeas lejanas en montañas solitarias.

Esta semana viajan a El Tormento.

Cuando el sol abrasa desde el punto
más alto en el cielo, Luis y los burros
hacen un alto en un arroyo para
beber agua fresca.
Luego de que beben lo suficiente,
Beto se niega a seguir el camino.

BIBLIOBURRO

Luis hala y hala las riendas de Beto,
pero Beto no se mueve.

¡Los niños nos esperan!

Por fin el burro se da por
vencido y cruza el riachuelo.

En lo profundo de los cerros, el sendero
es más solitario que nunca.

Los trinos de los pájaros son los únicos
sonidos que escuchan.

Entonces, de lo profundo de las
sombras, ¡salta un bandido!

—Por favor, déjenos pasar —dice
Luis—. Los niños nos esperan.

El bandido frunce el ceño al ver
los libros. Pero toma uno y gruñe:
—¡La próxima vez quiero plata!

El Biblioburro continúa su camino más allá de las colinas, hasta que, por fin, Luis ve unas casas al pie de la montaña.
Los niños de El Tormento corren a recibirlo.

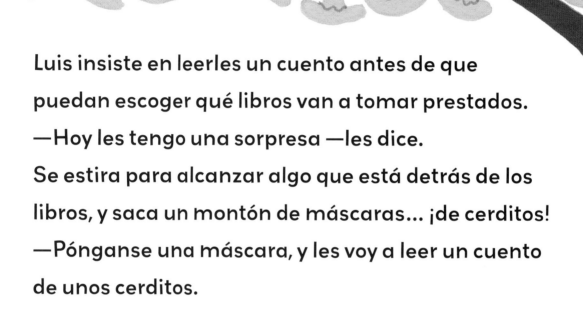

Luis insiste en leerles un cuento antes de que
puedan escoger qué libros van a tomar prestados.
—Hoy les tengo una sorpresa —les dice.
Se estira para alcanzar algo que está detrás de los
libros, y saca un montón de máscaras... ¡de cerditos!
—Pónganse una máscara, y les voy a leer un cuento
de unos cerditos.

Cuando termina
el cuento, llega la hora
de que todos escojan
un libro.

Los niños se despiden y caminan
a casa aferrándose a sus libros.

Al regresar, Luis y Alfa y Beto suben y rodean las colinas,

atraviesan las praderas y los arroyos, y van rumbo a la puesta de sol.

En casa, Luis da de comer a sus hambrientos burros.
Y Diana da de comer a su hambriento esposo.
Pero entonces, en lugar de acostarse a dormir,
Luis toma *su* libro y lee hasta las altas horas de la
madrugada.

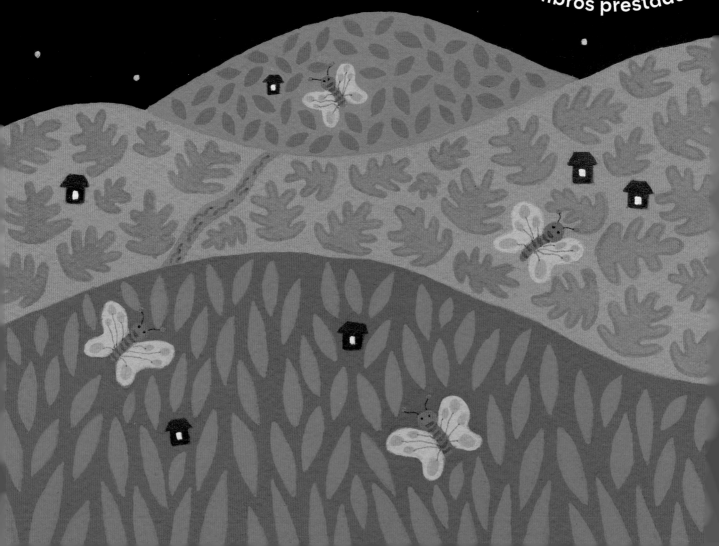

Y a lo lejos, en las montañas, las velas y las linternas alumbran

mientras los niños leen libros prestados,

también hasta las altas horas de *su* madrugada.

«A la gente de por aquí le encantan los cuentos. Yo trato de mantener ese espíritu vivo a mi manera». —Luis Soriano

Biblioburro está basado en la historia real de Luis Soriano, quien vive en La Gloria, un pueblo remoto al norte de Colombia. Como es un ávido lector, Luis entendió el poder transformador de la lectura producto de sus experiencias como maestro. Quería compartir su colección de libros con los niños y adultos en las aisladas aldeas de colinas distantes, en donde los libros escasean. La mayoría de las casas no tenía ninguno.

Luis y sus dos burros empezaron a llevar libros a las aldeas en el año 2000. Comenzó con una colección de 70 libros, que ha crecido hasta más de 7000, provenientes en su mayoría de donaciones. Ahora, el Biblioburro viaja a las montañas cada fin de semana. Hay cientos de personas que esperan la oportunidad de tomar prestados los libros que Luis les lleva.

Un pequeño rincón del mundo es enriquecido.

—J. W.